奶业科普百问

农业农村部奶业管理办公室　全国畜牧总站

中国农业出版社

图书在版编目（CIP）数据

奶业科普百问 / 农业农村部奶业管理办公室，全国畜牧总站编. —北京：中国农业出版社，2017.11（2018.4重印）
ISBN 978-7-109-23562-5

Ⅰ.①奶… Ⅱ.①农… ②全… Ⅲ.①乳品工业－中国－问题解答 Ⅳ.①F426.82-44

中国版本图书馆CIP数据核字（2017）第280917号

中国农业出版社出版
（北京市朝阳区麦子店街18号楼）
（邮政编码100125）
责任编辑 周锦玉

北京中科印刷有限公司印刷 新华书店北京发行所发行
2017年11月第1版 2018年4月北京第3次印刷

开本：850mm × 1168mm 1/32 印张：3
字数：60千字 印数：35 001 ~ 45 000
定价：25.00元

《奶业科普百问》编委会

编写人员

主　编　张书义　马　莹

副主编　邓兴照　李　姣　李竞前　黄京平　赵　华

编　者　（按姓氏笔画排序）

卫　琳　马　莹　马金星　王泽昭　邓兴照

卢　雁　许晓曦　孙飞舟　孙志华　李　洋

李　姣　李竞前　宋　真　张书义　张永根

林　莉　罗　峻　金　越　周锦玉　赵　华

祝庆科　徐　丽　黄京平　鄂志强　戴俊杰

插　画　苏　凝

主　审　李胜利　陈历俊

前　言

强健国民体质，筑梦健康中国。牛奶是大自然赐予人类的最接近完美的食物。一杯牛奶强壮一个民族，奶业是国计民生与健康中国不可或缺的产业。党中央国务院高度重视奶业发展，近年来实行了史上最严格的监管措施，奶业整体素质大幅提升，生乳和乳制品质量实现了质的飞跃，我国已成为奶业生产和消费大国，令世界瞩目。

农业农村部韩长赋部长非常关心奶业科普工作，强调指出："当前，主要是让社会了解我国奶业，增强消费信心。"于康震副部长专门作出批示："加强奶业宣传，引导乳品消费，振兴民族奶业。"为落实部领导要求，贯彻振兴奶业"五大行动"部署，讲好奶业故事，普及乳品知识，培养消费习惯，开展公益宣传，农业农村部奶业管理办公室、全国畜牧总站组织编写了这本奶业科普读物。

全书采用科普问答形式，针对人们日常生活中所关注的问题，以清晰直观的图片、通俗易懂的文字进行解答，帮助消费者摒弃偏颇认识和误区，树立健康消费观念，正确选择食用适合自己和家人的乳制品；同时，介绍了传统乳制品、家庭奶食制作和奶业典故轶事等，增加全书的知识性、趣味性和实用性，反映了我国璀璨的奶业历史文化；还介绍了农业农村部推介的第一批 8 家休闲观光牧场，以利读者联系体验优质乳品生产过程，提振国产乳品消费信心。

编　者

目 录

一 概念与释义

① 何谓生乳？

依据《食品安全国家标准　生乳》（GB 19301—2010），生乳（raw milk）是指从符合国家有关要求的健康奶畜乳房中挤出的无任何成分改变的常乳。奶牛产犊以后7天内的初乳、奶牛休药期间的乳汁不能用于加工乳制品。

② 食用生乳安全吗？

直接购买和食用生乳存在一定的食品安全风险。通常情况下，生乳很难达到可直接饮用的标准，国内外都有因食用生乳而引发食物中毒的报道。仅有极少的生乳能够达到供人直接饮用的标准。由于消费者购买散售的生乳后，一般只是煮沸，这种简单的消毒形式无法保证杀死生乳中的致病微生物，因此，建议不要购买在社区和街头兜售的那种“散装”生乳，还是购买食用乳品厂生产的乳制品为宜。

小贴士

有人认为“散装”生乳煮沸后出现明显“奶皮”，品质就好于其他鲜奶制品，其实这是个误区。乳品厂在给生乳升温杀菌之前，要经过脂肪球特殊破碎处理工艺，目的是防止产品形成“奶皮”，粘到容器上造成营养流失，所以产品不容易形成“奶皮”。因此，仅凭有没有“厚奶皮”来判定牛奶的优劣，是不科学的。

3 何谓巴氏杀菌乳？

依据《食品安全国家标准 巴氏杀菌乳》（GB 19645—2010），巴氏杀菌乳是仅以生牛（羊）乳为原料，经巴氏杀菌等工序制成的液体产品。应在产品包装上用汉字标注“鲜牛（羊）奶”或“鲜牛（羊）乳”。

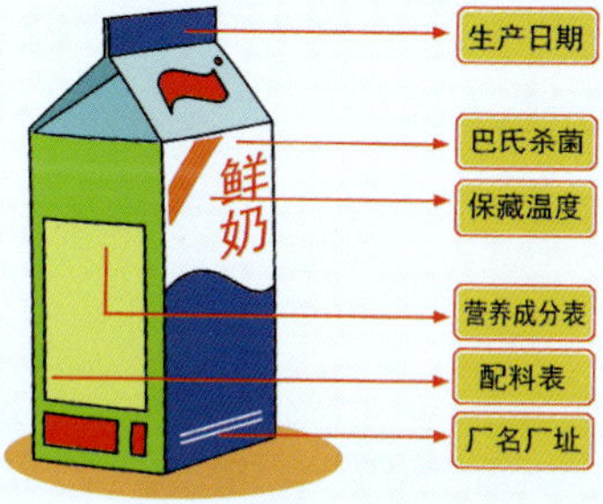

巴氏杀菌工艺通常采用低温长时间（62~65℃，保持30分钟）或高温短时间（72~76℃，保持15秒；或80~85℃，保持10~15秒）杀菌。这种杀菌方式可以杀死所有致病菌，又能最大限度地保留生乳中营养物质与天然风味。巴氏杀菌乳贮存运输、销售的全过程要在2~6℃冷链条件下进行。巴氏杀菌乳保存期短，一般为2~7天。

小贴士

怎样选购巴氏杀菌乳？

巴氏杀菌乳属需冷藏的保鲜产品，购买时要查看售货单位是否有冷藏柜等能满足产品存放条件的设备，不宜一次购买太多，应特别注意产品的生产日期及外包装是否完好无损，避免购买即将过期或变质的产品。

4 何谓“延长货架期”巴氏杀菌乳？

“延长货架期”巴氏杀菌乳（extended shelf life milk，

ESL），也称“ESL奶”。该产品是以生乳为唯一原料，经过特殊陶瓷膜过滤与离心除菌等工艺处理后，再结合低温巴氏杀菌处理及无菌灌装所制成的低温巴氏杀菌乳，冷藏条件下通常可达8~12天的保质期。

5 何谓超高温灭菌乳？

依据《食品安全国家标准　灭菌乳》（GB 25190—2010），超高温灭菌乳是以生牛（羊）乳为原料，在连续流动的状态下，加热到132℃以上并保持短时间的灭菌，再经无菌灌装等工序制成的液体产品。超高温灭菌工艺通常采用135~139℃，保持2~4秒。超高温灭菌处理能杀灭所有微生物，也会损失奶中部分活性营养成分与风味。超高温灭菌乳的保存期较长，一般为1~12个月。

6 牛奶主要营养成分有哪些？

牛奶中含有蛋白质、脂肪、碳水化合物、矿物质和维生素等多种人体需要的营养物质。牛

奶中蛋白质、脂肪、碳水化合物比例适宜，可以作为唯一的食物来源长时间维持人的生命和健康，这是其他食物难以做到的。牛奶的蛋白质含量通常在 3% 以上，是最为适合人体需要的优质蛋白质之一；牛奶的脂肪含量 3%~4%，属优质脂肪，具有短链脂肪酸多、不饱和脂肪酸含量高等特点；牛奶中的碳水化合物主要是乳糖，是人体糖蛋白的重要构成成分，对婴幼儿发育特别重要。

7 为什么说牛奶是最佳补钙食物?

每升牛奶约含 1 000 毫克钙，而且牛奶中还含有可以促进钙吸收的其他辅助成分，因此，牛奶中的钙吸收率高于一般食品。钙不但是构成人体骨骼的基本物质，而且是多种酶的激活剂，对调整肌肉收缩、神经活动等具有重要作用。牛奶中的钙磷比为 1.3∶1，接近人体骨骼钙磷比，在维生素 D 等作用下，更易被人体吸收，所以说牛奶是最佳的补钙食物。

8 何谓酸奶?

酸奶属于一种发酵乳，是指以生牛（羊）乳或乳粉为原料，经杀菌、接种嗜热链球菌和保加利亚乳杆菌（德氏乳杆菌保加利亚亚种）发酵制成的产品。酸奶允许添加其他乳酸菌，包括乳杆菌类（嗜酸乳杆菌、干酪乳杆菌）和双歧杆菌类（乳双歧杆菌、动物双歧杆菌）等。

9 酸奶是如何分类的？

（1）按组织状态分类　凝固型酸乳、搅拌型酸乳。

（2）按成品口味分类　天然纯酸乳、加糖酸乳、调味酸乳、果料酸乳、复合型酸乳。

（3）按发酵后的加工工艺分类　巴氏杀菌热处理风味酸乳、浓缩酸乳、冷冻酸乳、酸乳粉。

小贴士

巴氏杀菌热处理风味酸奶，是近年比较风靡的酸奶产品，其特点是先发酵后杀菌，虽然几乎不含活性乳酸菌，但无需冷藏，有相对较长保质期，饮用方便，如市场上的安慕希、纯甄、莫斯利安、全程有机、冰岛、艾菲娅、开啡尔等发酵乳产品。

（4）按菌种种类分类　酸乳、双歧杆菌酸乳、嗜酸乳杆菌酸乳、干酪乳杆菌酸乳。

（5）按原料乳中脂肪含量分类　全脂酸乳、部分脱脂酸乳、脱脂酸乳、高脂酸乳。

10 市场上的乳粉有哪些种类？

根据原料及处理加工方法不同，乳粉（奶粉）主要分为以下种类。

（1）全脂乳粉　以生乳为原料经干燥而制成。

（2）脱脂乳粉　将生乳中

的脂肪分离除去后获得脱脂乳，再经干燥而制成。

（3）加糖乳粉　在乳原料中添加一定比例的蔗糖或乳糖后经干燥而制成。

（4）调制乳粉　以生乳或乳粉为原料，调整或配以各种人体所需要营养素加工而制成，如婴幼儿配方乳粉、中老年乳粉、孕妇乳粉、降糖乳粉、补钙乳粉等。

11 何谓奶油？

奶油也称黄油，依据《食品安全国家标准　稀奶油、奶油和无水奶油》（GB 19646—2010），是以乳和（或）稀奶油（经发酵或不发酵）为原料，添加或不添加其他原料、食品添加剂和营养强化剂，经加工制成的脂肪含量不小于80%的产品。简单说，奶油就是将生乳中所提取出的稀奶油，再进一步加工而制成的产品。奶油品类主要包括甜性奶油（不发酵奶油）、酸性奶油（发酵奶油）和无水奶油。日常生活中，涂抹面包或烹饪用的奶油，多为甜性奶油（含乳脂约80%）。从生乳提取脂肪再制成的稀奶油和奶油，一般习惯称“天然奶油”，以区别于人造奶油。

小贴士

生日蛋糕上的“奶油”是天然奶油吗？

制作生日蛋糕的奶油，通常是在稀奶油（含脂肪约35%）中加入纯糖粉（15%~20%），经过搅打发泡后直接裱花于蛋糕。

需要提醒的是：人造奶油有时也可能用于蛋糕制作，人造奶油是由植物油经氢化而制成，主要成分是植酯类，价格相对便宜，订购奶油生日蛋糕时应询问清楚。

12 何谓炼乳?

炼乳是以生乳和（或）乳制品为原料，蒸发去除一部分水后加工而成的一种黏稠状牛奶制品。按照添加糖和食品添加剂与否，分为淡炼乳、加糖炼乳和调制炼乳三种。

小贴士

有人认为炼乳是一种发酵乳制品，这是不对的。

13 什么是复原乳?

依据农业行业标准《巴氏杀菌乳和UHT灭菌乳中复原乳的鉴定》（NY/T 939—2016），复原乳是指将干燥或者浓缩的乳制品与水按比例混匀后获得的乳液。通俗说，就是将乳粉按照一定比例添加水，复原成乳。添加复原乳而制成的乳品，经过再次的高温热处理，营养成分损失较多。

14 何谓牛初乳?

牛初乳，一般是指奶牛产犊后 7 天内所产的乳汁。牛初乳的感官、理化性质和成分等具有特殊性，一般为淡黄色，比较浓稠。牛初乳特别是产犊后 3 天内的牛初乳，其免疫球蛋白（如 IgG）含量较高，铁、维生素 A、维生素 D 含量也比常乳要高。初乳中的免疫球蛋白能与病原微生物及病毒抗原结合，保证犊牛健康。

15 乳制品主要有哪些？

乳制品是指以生牛（羊）乳及其制品为主要原料，经加工制成的产品。大致包括以下几类。

（1）液体乳类　如巴氏杀菌乳、灭菌乳、发酵乳、调制乳。

（2）乳粉类　如全脂乳粉、脱脂乳粉、全脂加糖乳粉、调味乳粉、婴幼儿配方乳粉、其他配方乳粉。

（3）炼乳类　如全脂淡炼乳、全脂加糖炼乳、调味和调制炼乳、配方炼乳。

（4）奶油类　如稀奶油、奶油、无水奶油。

（5）奶酪类　如天然奶酪、再制奶酪、奶酪食品。

（6）其他乳制品类　如乳糖、乳清粉等。

16 含乳饮料是乳制品吗？

含乳饮料不是乳制品。含乳饮料是一类含有少量乳成分的饮料，包括活性或非活性的乳酸菌饮品。与乳制品最大的区别是其乳蛋白质含量比较低（含乳饮料大于或等于1.0%，乳酸菌饮品大于或等于0.7%），相对生产成本较低，价格便宜。因此，在购买时一定要仔细查看产品标签标识，不要只是盲目地比较产品价位，应该按照自己的需要去选购产品。

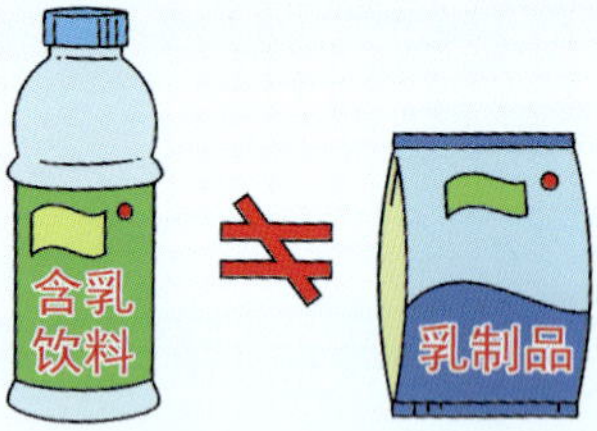

17 何谓乳糖不耐症？

牛奶里含有乳糖，部分人群的体内缺少乳糖酶，乳糖不能在小肠内被充分分解，导致乳糖直接进入大肠，被大肠中的细菌发酵产酸产气，导致出现腹胀、腹泻等症状，称为乳糖不耐症。建议乳糖不耐症人群食用酸奶、奶酪等纯发酵类的乳制品，或者低乳糖及无乳糖产品，也可以将牛奶与饼干、面包等食物一起食用，避免出现不适。

小贴士

饮奶后出现肚子不适就是乳糖不耐症吗？

总体而言，饮奶后出现腹部不适不一定就是乳糖不耐症。长期不食用牛奶的人，消化道中乳糖酶的活性可能很低，突然食用也会出现腹部不适，适应一段时间就会得到改善。

18 何谓“学生饮用奶”？

1999年国务院批准“学生饮用奶计划”项目，由农业部等

7 个有关部门联合启动实施。该项目是以改善中小学生营养状况、促进中小学生发育成长、提高中小学生健康水平为目的，在全国中小学校实施的学生营养改善专项计划。按照“学生饮用奶计划”有关管理办法规定，学生饮用奶必须直供中小学校，不允许在市场销售，不允许使用复原乳生产，学生饮用奶产品包装上须印有专用标志，并实施定点企业生产许可制和奶源基地资格认定制。2013 年后，该项工作由中国奶业协会协调各地奶（乳）业协会继续在全国组织实施。2016 年“学生饮用奶计划”在全国 31 个省（自治区、直辖市）6 万多所中小学推广实施，日均供应量达 1 500 多万份，惠及中小学生 2 000 多万人，有效改善了学生营养状况和健康水平。

小贴士

“世界学生奶日”是哪天?

2000 年，联合国粮食及农业组织（FAO）确定每年 9 月的最后 1 周的星期三为“世界学生奶日”，以提高世界儿童的营养健康水平为宗旨，组织开展各类宣传活动。

消费小知识

19 每天喝多少牛奶合适?

为满足人体对钙和优质蛋白质的需求,《中国居民膳食指南(2016)》建议每人每天应食用牛奶300克。那么,如何达到每天牛奶300克的标准呢?建议可选择不同形式或风味的乳制品,丰富多样性,如早餐饮用200~250毫升牛奶,午餐或晚餐加一杯100~125毫升酸奶,也可以选择适量的奶酪等干乳制品。

20 每天什么时间喝牛奶更有助于营养成分吸收?

牛奶适合全天饮用。如在睡前半个小时饮用,有助于睡眠及人体对其各营养成分的吸收。建议可以吃一些食物如面包后,再喝牛奶。巴氏杀菌乳及常温奶可以直接饮用,是否加热后再饮用根据个人饮食习惯而定。

21 储存牛奶应注意哪些事项?

从市场买回牛奶后,一定要注意产品标签上的存储条件,需要冷藏的鲜奶或酸奶应立即放入冰箱冷藏,不宜久置常温下。每天配送到户的巴氏杀菌奶应尽快喝掉。冷冻对牛奶品质有不良影响。牛奶暂时储存于冰箱冷藏时,应注意密封,以免其他气味串入。

22 用微波炉加热牛奶应注意什么？

购买产品时，请先仔细阅读产品标签说明。如果包装上未注明“可用微波炉加热”字样，就不适宜直接放入微波炉中加热。如果直接把带包装的牛奶放进微波炉加热，会对人体健康产生不利影响。正确做法是先将牛奶倒入微波炉专用的容器内，再行加热。

23 喝牛奶会导致高血脂和发胖么？

成年人一般每日需要 10 兆焦耳的热量，而 1 袋（盒）250 毫升牛奶仅能为人体提供约 0.7 兆焦耳的热量，仅占热量需求的 7%，因此，正常喝牛奶不会引起高血脂或发胖。

小贴士

睡前喝牛奶会变胖没有科学根据。

24 购买乳制品时，需要注意哪些事项？

消费者在购买乳制品时，应注意以下几点：①通过产品标签标识辨别所购买乳制品的种类，如巴氏杀菌乳、超高温灭菌乳、

发酵乳或调制乳等。②通过查看配料表，确认是用生乳生产的，还是添加了乳粉（复原乳）。③查看生产日期，选择保质期内的乳制品。④不同的消费人群应根据自身消费习惯和口味偏好等，选择适宜自己的乳制品。

25 酸奶有何益处？

酸奶中的活性乳酸菌，其菌体裂解后可释放出一定量的蛋白酶、乳糖酶等，有助于肠道内容物的消化及吸收、改善消化功能等；同时，酸奶还可以缓解乳糖不耐症、降低胆固醇、增强机体免疫力等。

26 如何挑选酸奶？

挑选酸奶时，应注意以下两点。

（1）要弄清是活菌型，还是灭菌型 酸奶分为低温活菌酸奶和常温杀菌型酸奶两大类。二者最大区别在于低温活菌酸奶含有“活的乳酸菌”：①要看标签标识。产品外包装上一般会标明是“活菌型”还是“灭菌型”。②要看保质期。保质期不到 1 个月的

一般是低温酸奶，含有活性乳酸菌；而保质期 3~6 个月的则是常温酸奶，无活性乳酸菌。

（2）要看清蛋白质含量　选购酸奶时，要查看产品包装，选择蛋白质含量大于等于 2.3% 的产品，内容物黏稠或呈冻状，这样可基本断定属于酸奶。注意：产品标签蛋白质含量标注大于等于 1.0% 的是含乳饮料，大于等于 0.7% 的是乳酸菌饮品，都不是酸奶。因生产成本不同，含乳饮料或乳酸菌饮品产品价格相对较便宜。

小贴士

什么是“低温奶”和“常温奶”？

所谓低温奶、常温奶，通常是对需要低温（2~6℃）贮存或室温贮存的乳制品的俗称。

27 吃多了，喝杯酸奶有助消化吗？

由于酸奶本身是一种饱腹感很强的食物，如果吃多了，再喝酸奶反而会加重饱胀感，并不利于消化。所以，认为如果吃多了再喝一杯酸奶能帮助加快消化，是不对的。

28 羊奶有哪些特点？

简单说，羊奶主要有以下特点：①蛋白消化率较高；②游离脂肪酸含量相对较高；③羊奶及其制品具有明显白色；④牛磺酸含量相对较高。

29 牛奶和羊奶有何区别?

牛奶与羊奶在营养成分上没有本质区别，都含有优质蛋白质、脂肪，而且矿物质含量尤其是钙含量都很丰富。但二者略有差异，羊奶的蛋白质结构与牛奶的不同，羊奶中酪蛋白含量比牛奶低，而乳清蛋白比例高，脂肪微粒小。羊奶属于低敏食品，对牛奶过敏的人群可以选用羊奶代替。此外，羊奶也被应用于医学保健及养颜护肤等领域。目前全球市场的羊奶价格比牛奶平均高出 3 倍以上。我国民间对羊奶认知度比较高。

30 什么样的乳制品更适合高血脂人群?

高脂血症分为原发性和继发性两种，前者与环境、遗传因素有关，后者则由糖尿病、肥胖症等引起。合理的饮食与生活方式对预防高血脂有着重要意义，一般可通过调节饮食结构予以改善，如尽量少吃油脂和胆固醇含量高的食物。因此，建议高血脂人群可饮用脱脂或低脂的巴氏杀菌乳，或脱脂奶酪、鲜奶酪（不含盐或含盐少的），以及专门为高血脂人群设计的功能性乳粉等。

31 糖尿病患者可以食用何种乳制品?

糖尿病患者因机体不能完全分解代谢血液中的葡萄糖，会使血糖升高同时引起高血压症状，所以，在饮食上要严格控制糖和盐的摄入。建议糖尿病患者多吃一些以鲜牛奶为原料，不添加糖分和调味剂（调味剂包括甜味剂、果酱和蜂蜜等）的低盐乳制品。如巴氏杀菌脱脂乳、纯发酵乳（不加糖的发酵型酸奶），也可以适量食用天然奶酪，但不建议食用乳饮料、酸乳饮料等加糖的含乳食品。

32 特色乳制品是指什么？

特色乳制品是指以特种生乳（如水牛奶、牦牛奶、马奶、驴奶、驼奶等）为原料，经加工而成的乳制品。一般具有显著地域特点和民族民俗特色，包括奶皮子、奶豆腐、乳饼、乳扇、奶疙瘩、奶渣和马奶酒等。在我国，水牛主要分布于广西、云南、江苏、浙江等地，虽然水牛奶产量较低，但品质优良；牦牛主要分布在我国西藏、青海、四川等少数民族居住的高原地区，牦牛奶乳脂和干物质含量较高，素有浓缩奶之称；骆驼主要分布在内蒙古、新疆等地，驼奶富含维生素 C 和大量不饱和脂肪酸；驴奶产业主要集中在我国新疆地区，驴奶的干物质比牛奶要高，维吾尔族等少数民族经常用来制作驴酸奶；马奶的利用主要集中在我国草原牧区，由于马奶的乳糖含量高，容易发酵，因此特别适宜制作马奶酒。

33 “世界牛奶日”是哪天？

关于“牛奶日”创意，最早是德国牛奶消费协会在 20 世

纪 50 年代提出，后被国际乳业联合会（IDF）采纳，并于 1961 年 5 月在德国举办了第 1 个牛奶日活动。此后，每年 5 月的第 3 个星期二被定为“世界牛奶日”。每逢这一天，各地大大小小的奶牛场都会打扫得干干净净，张贴介绍牛奶生产和乳制品的绘画，张灯结彩，吸引人们特别是附近学校的学生前来参观，以各种形式向消费者介绍牛奶生产，宣传牛奶营养价值和对人体健康的重要性，同时了解消费者对牛奶生产和乳制品供应商的需求。2000 年，联合国粮食及农业组织（FAO）把每年 6 月 1 日确定为“世界牛奶日”。每年这一天，我国一些大中城市和乳品企业都会举办不同规模和形式的“世界牛奶日”公益宣传活动，普及奶业知识，促进牛奶消费。

34 藏族“雪顿节”与酸奶有何渊源？

雪顿节起源于公元 11 世纪中叶，是我国藏族地区著名宗教活动，藏历的六月二十九日至七月一日为雪顿节。相传佛教的戒律有 300 多条，其中最忌讳的是杀生害命。由于夏季变暖，百虫惊蛰，万物复苏，僧人外出活动难免踩踏生命，有违“不杀生”的戒律。因此，藏传佛教格鲁派戒律规定了藏历四月至六月期间，喇嘛们只能在寺院里活动，寺门关闭，静静修炼，称为“雅勒”，意思就是“夏日安居”，直到六月底方可开禁。待到开禁之日，僧人们便纷纷出寺下山，俗家百姓念其长期关在寺院内修炼，十分清苦，为了犒劳他们，就家家利用高原之宝牦牛的奶汁酿造美味的酸奶，赠给僧人饮用，这就是雪顿节的发端，因此雪顿节亦称“酸奶节”。后来又增加了隆重的晒佛仪式，以及唱藏戏、赛牦牛等内容，所以又称“晒佛节”，慢慢演变成如今一年一度的藏族盛大节日。从古至今，酸奶在雪顿节始终扮演着重要角色。

35 奶业“D20”是指什么？

D20，是指中国奶业 20 强企业，D 是英文 dairy 的首写字母。2015 年，在农业部韩长赋部长倡导下，中国奶业协会根据乳品企业的品牌影响力、奶源基地建设、自建牧场奶牛量、生乳收购量、销售额等指标，在全国 600 多家乳品企业中评选出综合排名前 20 位的企业，组织成立了中国 D20 企业联盟，定期召开中国奶业 20 强（D20）峰会。这 20 家企业荟萃了中国奶业著名品牌，也是中国奶业的领头羊、排头兵，引领中国奶业发展。

36 中国奶业 20 强企业有哪些?

2015 年评选出来的中国奶业 20 强企业有:

内蒙古伊利实业集团股份有限公司

内蒙古蒙牛乳业(集团)股份有限公司

现代牧业(集团)有限公司

光明乳业股份有限公司

辽宁辉山乳业集团有限公司

内蒙古圣牧高科牧业有限公司

北京三元食品股份有限公司

中垦乳业股份有限公司

黑龙江省完达山乳业股份有限公司

君乐宝乳业有限公司

新希望乳业控股有限公司

黑龙江飞鹤乳业有限公司

贝因美婴童食品股份有限公司

南京卫岗乳业有限公司

天津嘉立荷牧业有限公司

新疆西域春乳业有限责任公司

福建长富乳品有限公司

河南花花牛乳业有限公司

济南佳宝乳业有限公司

西安银桥乳业集团

妈妈须知道

37 为何鼓励准妈妈们食用孕妇乳粉?

怀孕期间，即便准妈妈们非常注意自己的饮食结构，有时也不能满足身体全部营养需要，所以，建议选择孕妇乳粉来适当补充营养。孕妇乳粉是根据准妈妈们特殊生理需求而配制的，几乎强化了孕妇所需要的各种营养元素，如叶酸、钙、铁等，能为孕妇和胎儿提供更充足的营养。有的孕妇对味道非常敏感，建议选购适宜自己口味的孕妇乳粉。在孕晚期，建议适当控制摄入量，以避免因营养过剩而导致胎儿过大诱发难产。在哺乳期，妈妈们仍然可以食用孕妇乳粉，有助于提高母乳的品质。

38 为什么说国产婴幼儿配方乳粉更适合中国宝宝?

婴幼儿配方乳粉是在母乳不足情况下的最佳替代品。由于遗传等因素的不同，全世界不同种族母乳的营养成分存在显著差异，例如，不同国家的婴儿配方乳粉关于锌、碘、铁、氟等元素的标准值存在很大不同，技术配方自然也就有所区别。在配方设计上，中国产的婴幼儿配方乳粉特别强调两大黄金原则：①依据中国母亲的营养成分而专门设计；②依据中国居民膳食营养素摄入量要求，全面满足中国婴儿生长发育的需要。因此，国产婴幼儿配方乳粉的技术配比和营养组成，更接近中国妈妈的母乳，更适合中国宝宝食用。

小贴士

给宝宝选择更适合的乳粉！

选择婴幼儿配方乳粉要理性，注重产品品牌和质量口碑，建议通过权威网站，关注国家食品药品监督管理总局（www.sda.gov.cn）等政府部门官网公布的对进口和国产婴幼儿乳粉质量抽检通告，不受市场广告渲染影响，更不应该忽略进货渠道而盲目推崇进口，一定要做精明的妈妈，理智选择更适合中国宝宝的乳粉。

39 婴幼儿配方乳粉1段、2段、3段含义是什么？

我国对婴幼儿配方乳粉有明确的分类方法，依婴儿月龄不同，分成3种类型：1段是对应0~6个月的婴儿配方乳粉；2段对应6~12个月的较大婴儿配方乳粉；3段对应12~36个月的幼儿配方乳粉。有时也用Ⅰ、Ⅱ、Ⅲ段表示。要根据宝宝的不同月龄，选择不同阶段的配方乳粉。

40 如何为宝宝正确冲调奶粉？

在冲调奶粉前，应清洁双手并将奶瓶洗刷干净，选用煮沸冷却下来的生活饮用水冲调。不要用矿泉水、米汤、豆浆等冲调乳粉，否则易引起孩子消化不良和便秘。冲调奶粉水温应为

40~50℃，太高太低都不好，具体以产品说明为准。冲调奶粉时产生泡沫是正常现象，可放心食用。冲调奶粉时，应仔细查看包装说明，按照推荐比例进行冲调。正确冲调方法是先将用水量定准，然后将奶粉加入水中并搅匀。不管是什么品牌的配方乳粉，完成冲调后，常温下存放不能超过 2 小时，一旦超过 2 小时，就不要给宝宝喝了；如果宝宝喝了一部分，没喝完的应在 1 小时内喝完，超过这个时间，也不要再给宝宝喝了。

小贴士

奶瓶子不要一直热着呦！

不要把冲调好的奶一直放在暖奶器上，因为奶本身营养丰富，易造成细菌滋生，可能会变质。

41 宝宝的奶粉是否应该经常更换？

我国婴幼儿配方乳粉有统一国家技术标准和规范，国产品牌婴幼儿配方乳粉的主要技术指标和重要营养成分没有显著差异，质量稳定可靠，建议妈妈不要为宝宝频繁更换奶粉。

42 婴幼儿配方乳粉包装上标注的日期有何含义？

包装上标注的日期是产品的生产日期及最佳食用截止日期，

各款乳粉的保质期不尽相同。婴幼儿配方乳粉保质期一般为 18 个月或 24 个月，而且铁听（罐）装的保质期长于盒装和袋装。保质期是厂家向消费者做出的保证，保证在标注时间内产品的质量是最佳的。需要注意的是外包装所标注的保质期，是指未开封的保质期，而不是开罐以后乳粉的保质期。虽然有的乳粉保质期是 2 年，但包装罐一旦打开，则应让宝宝在 1 个月内吃完，不然乳粉易受潮，滋生细菌。

43 为宝宝冲调奶粉，越浓越好吗？

有些父母生怕孩子肚子饿，在喂食奶粉时，总想把奶粉调浓一点，有的甚至认为只要孩子吃得下，奶粉越浓越有营养，果真是这样吗？其实，如果奶粉浓度过高，婴儿的胃肠并不能将其完全吸收，尤其是蛋白质，反而增加了婴儿的胃肠负担，引发腹胀、腹泻，甚至导致营养吸收障碍。所以，婴儿的奶粉喂食量一定要与婴儿的月龄相适宜。如果婴儿奶粉的喂食量超过标准，会引发厌食症或出现肥胖儿。具体冲调方法和用量在喂养前，一定要认真参考奶粉外包装的说明和指南。

44 宝宝多大以后可以食用酸奶？

为保证婴幼儿能够维持自身正常消化功能，减少外来酸性食物对婴幼儿肠胃正常 pH 干扰，一般建议 1 岁以后的婴幼儿可以开始食用酸奶。建议给宝宝优先选择无糖纯牛乳发酵的原味酸奶，以预防嗜甜不良习惯和龋齿，一般每天摄入 50~100 毫升为宜，

随着年龄增长可逐渐增加。同时，尽量不要空腹给宝宝食用酸奶，这样既能减少对胃肠道的刺激，又有利于酸奶营养物质的吸收。不足 1 岁的婴儿，不推荐食用酸奶，只有当遵照医嘱服用抗生素药物后，可适时适量地食用酸奶。

45 袋装乳粉和罐装乳粉有何区别？

无论是罐装还是袋装的婴儿配方乳粉，都是按国家统一技术标准要求生产的，出厂质量没有区别，都能够满足婴幼儿正常生长发育需要。二者区别主要体现在保存期，由于包装密封性不同，一般罐装的保质期为 2 年，而袋装的是 18 个月。

46 我国对婴幼儿配方乳粉实施何种特别规定？

国家食品药品监督管理总局公布的《婴幼儿配方乳粉产品配方注册管理办法》（2016 年第 26 号令）规定：申请注册产品配方应当符合有关法律法规和食品安全国家标准的要求，并提供

证明产品配方科学性、安全性的研发与论证报告和充足依据。婴幼儿配方乳粉的生产企业应当具备与所生产婴幼儿配方乳粉相适应的研发能力、生产能力、检验能力，符合粉状婴幼儿配方食品良好生产规范要求，实施危害分析与关键控制点体系，对出厂产品按照有关法律法规和婴幼儿配方乳粉食品安全国家标准规定的项目实施逐批检验。要求标签和说明书不得含有“涉及疾病预防、治疗功能；明示或者暗示具有保健作用；明示或者暗示具有益智、增加抵抗力或者免疫力、保护肠道等功能性表述”等内容。

小贴士

提醒奶爸奶妈们，在购买婴幼儿配方乳粉时，不要听信诸如“不上火、防湿疹、防便秘”等各种误导性宣讲。

四 美妙的奶酪

47 何谓奶酪?

奶酪（cheese），又称干酪、芝士等。通俗说，是在生乳（也可用脱脂乳或稀奶油）中加入适量乳酸菌发酵剂和凝乳酶，使蛋白质（主要是酪蛋白）凝固后，排除乳清，将凝块压成块状而制成的产品。大部分奶酪都需要一定的成熟期，味道和形态因品种不同而差异较大。奶酪是种类最多的乳制品。作为人类的奶食奇葩，奶酪独具魅力，以其浓郁醇香的味道、丰富跳跃的口感、难以形容的芬芳，令唇齿无比留恋，使喜爱奶酪的人津津乐道。

小贴士

奶酪大致分为天然奶酪、再制奶酪、奶酪食品三大类。其中，天然奶酪又分为软质奶酪（鲜奶酪）、半硬质奶酪、硬质奶酪和特硬质奶酪，其水分含量分别为 40%~60%、36%~40%、25%~36% 和小于 25%，水分越低，硬度越高，使用生乳的量也越多。全世界的天然奶酪有 800 多种。

48 何谓鲜奶酪?

鲜奶酪属于天然奶酪。依据《食品安全国家标准　干酪》（GB 5420—2010），鲜奶酪是指生产后即可使（食）用的奶酪。

通俗说，鲜奶酪是生乳巴氏杀菌后，经凝乳剂凝乳之后，排除乳清之后得到的产品。与其他天然奶酪不同的是，鲜奶酪不经过成熟直接食用，质地细腻，色泽洁白，吃起来有淡淡的咸味和清新的乳香味。鲜奶酪保质期短，一般 1~2 周，需要冷藏保鲜存放。

49 何谓再制奶酪？

再制奶酪，也称重制奶酪、融化奶酪等，是选用不同成熟度的天然奶酪，添加乳化盐、稳定剂等辅料，经混合、加热、融化、乳化而制成的质地均匀的奶酪制品。再制奶酪可以调出各种质地组织状态和滋（气）味，增加产品种类；同时，还能提高产品的安全性和保存性，产品质量稳定，包装形式多样，食用方便经济。目前国内常见于快餐汉堡包，商超也有零售的切片式或三角形的再制奶酪。

50 何谓马苏里拉奶酪？

马苏里拉奶酪起源于意大利，又称莫扎瑞拉奶酪（Mozzarella Cheese）。传统马苏里拉奶酪是由水牛乳制作的，如今也用牛乳或牛乳与水牛乳混合来制作。质地富有弹性，遇热溶化变得黏稠，能拉出很长的丝，味道温和清淡，香气浓郁，特别适宜制作比萨饼等烘焙食品，如光明乳业股份有限公司、北京三元食品股份有限公司、云南腾冲县艾爱摩拉水牛乳业有限责任公司等乳品企业都能生产该品种奶酪。

51 何谓艾达姆奶酪？

艾达姆奶酪（Edam Cheese），又称伊顿奶酪，原产于荷兰，由于是以巴氏杀菌脱脂乳或部分脱脂乳为原料，因此其脂肪含量相对低一些，具有讨人喜欢的淡淡奶香，滋味柔和。进口的一般表面涂有红色蜡皮（称“红波”），国产的则呈现天然黄色。20 世纪 80 年代起，原北京东直门乳品厂开始制作该种奶酪，特供各国使馆和涉外饭店，享誉京城。北京三元食品股份有限公司一直生产该种奶酪至今，并将其命名为“北京奶酪”。

52 何谓俄式不杀菌奶酪？

俄式不杀菌奶酪缘于 20 世纪初中东铁路通车后，由白俄罗斯移民随铁路沿线带入我国东北地区民间的一种传统手工奶酪，制作技艺传袭至今。该种奶酪是采用洁净的生牛乳，不杀菌，不添加发酵剂，加凝乳酶（皱胃酶）凝乳后排除乳清入模，再经自然发酵而成。成品多为球形或圆柱形，内有小孔，呈奶白色，质地细腻，口感滑润，奶香浓郁，味道微甜，略呈咸味。目前主要是在黑龙江省安达市批量生产，当地乳品店全年有售“鞍达”牌奶酪。

小贴士

1972 年美国尼克松总统访华期间，对两件事记忆深刻：一是周恩来总理宴请他时，将茅台酒点燃，这样的烈性酒还能饮用，他认为很神奇，不可思议；二是竟然吃到了极其正宗的奶酪，而且是产自中国北方一个边陲小城，令其啧啧。这座边陲小城就是黑龙江省安达市（县），让尼克松咂舌的奶酪就出自当时的安达乳品厂，该厂始建于 1952 年，时为全国机械化程度较高的大型乳品厂，主要生产“红星牌”乳粉、奶油、乳糖和奶酪等，是现在黑龙江鞍达实业集团股份有限公司的前身。

53 何谓切达奶酪？

切达奶酪（Cheddar Cheese）最初产于英国切达郡，是世界上生产和消费最广泛的一种硬质奶酪。味道温和至辛辣不一，呈奶白或淡黄色，组织细腻。味道也因为储藏时间长短而不同，有的微甜（9 个月的），有的味道比较重（24 个月的）。再制奶酪常以切达奶酪为原料。

54 青纹奶酪有何特点？

青纹奶酪（Blue Cheese），也称蓝纹奶酪，主要原料是牛奶或羊奶，经青霉发酵而成，质感柔软，具有独特香气，滋（气）味浓烈，发酵味道厚重。该奶酪另一突出特点是在成熟过程中，由于青霉菌的作用，奶酪内部形成了漂亮奇特的蓝色花纹。

55 奶酪是如何制成的?

我国南北朝贾思勰的《齐民要术》较早记载了奶酪制作方法，指出“牛羊乳皆得。别作、和作随人意”。现代奶酪生产大致包括 4 个环节:

①生乳的预处理，包括检验与贮存、巴氏杀菌等。

②凝乳。通过凝乳酶、乳酸菌发酵产酸或直接添加乳酸等工艺，促进酪蛋白形成三维网状结构，形成凝乳。

③凝乳处理。通过切割、热烫等工艺排出部分乳清，产生的凝乳颗粒经加盐、装模和压榨等工艺形成凝块。

④成熟。在凝乳酶、发酵剂等作用下，发酵成熟，形成相应的质地和风味。

除鲜奶酪外，通常 8~10 吨的生乳才能制造 1 吨奶酪。

56 奶酪有何营养价值?

奶酪的营养价值很高，素有“奶黄金”之誉，适宜不同年龄人群消费，更是乳糖不耐症和糖尿病患者的理想营养食品。在凝乳酶和蛋白酶作用下，干酪中的蛋白质分解成䏡、胨、肽等小分子物质，消化率可达 96%~98%，是生物活性肽的重要来源。干酪成熟过程中，其乳脂也发生降解，赋予干酪良好口感和风味。干酪含丰富的钙、钾、镁等营养元素，以及维生素 A、维生素 B_1、维生素 B_2、维生素 B_{12} 等。

57 如何正确保存奶酪?

奶酪需冷藏（2~6℃）。保存奶酪时，建议不要与其他强气味的食物放在一起，避免改变奶酪特有的滋（气）味或侵染其他食物。诸如青纹奶酪等滋（气）味浓烈的要包裹严实，预防霉菌孢子等侵染其他食物。在贮存硬质或半硬质的块状奶酪时，吃剩下的奶酪酪体的刀切面，宜用食用级保鲜膜覆严，避免萎缩、干裂和污染。

58 奶酪食用方法有哪些?

奶酪品种很多，口味千变万化，食用方法也很多，既适于直接食用，也适于各种烹饪。既可以与葡萄酒搭配，温馨地美美享用，也可夹食汉堡包、三明治、馒头等，还可制作西餐、西点，炒饭，煲粥，火锅，炖汤，烘焙或与面食、沙拉拌食等。奶酪以其无与伦比的独特美味和丰富营养，点燃舌尖上的浪漫，融化梦幻中的时光，深受人们青睐。

小贴士

食用奶酪会让人上火吗?

奶酪中的主要成分是蛋白质及其降解后的脲、胨、肽和氨基酸等营养物质，大部分乳糖和部分乳脂肪都已降解，所以，食用后不会造成上火症状。

59 目前市场上常见的奶酪有哪些品类？

国内市场商超中常见的是切片或三角形的再制奶酪、分装的半硬质奶酪、莫扎瑞拉芝士碎和鲜奶酪等。目前国产奶酪的生产企业有 10 多家，如北京三元食品股份有限公司、光明乳业股份有限公司、内蒙古蒙牛乳业（集团）股份有限公司、内蒙古伊利实业集团股份有限公司、黑龙江鞍达实业集团股份有限公司、云南腾冲县艾爱摩拉水牛乳业有限责任公司等。近些年，国内越来越多的消费者开始喜爱奶酪，奶酪市场需求激增，国内一些乳品企业开始致力于奶酪研制和生产，相信不远的将来会有更多更好的奶酪奉献给广大消费者。

60 为什么说我国奶酪制作历史悠久？

2014 年，在我国新疆罗布泊小河墓地发现了公元前 1615 年的古老奶酪，距今已有 3 600 多年历史，堪称世界最古老的奶酪，改变了奶酪源于欧洲的说法。由此推断，我国奶酪制造至少始于夏朝，是我国游牧民族传统古老食品。奶酪在内蒙古称为奶豆腐，在新疆称乳饼，干透的奶酪又叫奶疙瘩，在云南彝族群众利用牛羊奶制作乳饼或乳扇。如今在我国各地仍能见到不同形态存在的奶酪产品，在北京，按照清廷皇家传统工艺，北京梅园乳品店等保留传承了“宫廷奶酪”特色产品；在古都洛阳，流传着北魏“王肃酪奴”典故。

五 传统乳制品

61 何谓奶皮子？

奶皮子，蒙古语称之为“乌如木”，是我国哈萨克族、维吾尔族、蒙古族等少数民族地区的一种传统乳制品。奶皮子的主要成分是乳脂肪、少量乳蛋白及乳糖，含量分别为 80%、10% 和 3% 左右，有特殊的乳香风味。成品大多呈圆饼状，厚约 1 厘米，色泽微黄，表面有密集麻点。牧民经常用奶皮子作早点。

小贴士

如何制作奶皮子？

将牛奶倒入锅内，用大火加热至即将沸腾时改用文火，同时用勺不断翻扬，使其不至于达到沸腾的程度，以这样方式加热，牛奶表面不会结皮，同时，还能蒸发掉大部分水分。随着乳脂不断聚集，牛奶的表面就会形成一层泡沫，把这种表层带有泡沫的牛奶置于阴凉处自然冷却约 10 小时，乳脂肪凝固，形成一层表面有密集麻点的厚厚奶皮，将奶皮层取出并晾干后，就做成了一张奶皮子。

62 云南“牛奶穿成串串卖”指的是什么？

云南十八怪之“牛奶穿成串串卖”指的是云南地区少数民族著名的风味小吃——乳扇。顾名思义，乳扇就是用牛奶做的“扇子”，一般呈长 25~30 厘米、宽 10~12 厘米的斜长扇形，两扇叠套在一起，称为“一对儿”。乳扇色泽乳黄，油润光滑，清香甜美，还是一种高营养的风味食品，含有约 49% 的脂肪、35% 的蛋白质和 7% 的乳糖，是白族传统的名特食品。那么牛奶是怎么形成乳扇被穿成串串卖的呢？首先在锅内加入适量特殊的酸水，加温至 70℃左右，再把牛奶倒入锅内迅速搅拌，使其变为丝状凝块，然后将这种丝状凝块夹出并加水揉成“奶饼”。将“奶饼”的两翼卷入筷子，并将两只筷子如打开扇子一样慢慢撑开，使“奶饼”形成扇形。把扇形“奶饼”挂在架子上晾干，即成了乳扇。

小贴士

如何制作乳扇用的特殊“酸水”？

鲜木瓜或干木瓜加水煮沸后，放置半小时后取其清液即为酸水。在没有木瓜的季节或北方地区，可用乌梅代替木瓜，按乌梅与水 1∶3 的比例煮沸半小时，取其清液即酸水。每制一张乳扇后，须倒出锅内酸水，重新放入新酸水。使用过的酸水收集起来，经发酵还可再用。

63 何谓奶豆腐？

奶豆腐是蒙古族、维吾尔族等民族最为喜爱的乳制品，在云南和新疆地区被称为乳饼。制作原理是使新鲜牛羊乳的蛋白质在酸和热的作用下凝固。奶豆腐有干湿之分，湿奶豆腐和乳饼都是凝乳去除乳清压制成形而得，呈乳白色块状，乳香飘溢，嫩滑爽口。干奶豆腐则是在湿奶豆腐基础上进一步干制而成，大多呈乳黄色，半透明而有光泽，当地居民通常与奶茶、炒米、熟牛羊肉一起泡着吃，当游牧或出远门时也可作为主食干粮。

64 元朝铁骑最青睐哪种乳制品？

成吉思汗铁骑大军驰骋欧亚大陆，征服天下，上至将军，下

至士兵，无不喜饮马奶酒。其中，大将军耶律楚才对马奶酒的喜好到了发狂地步，他曾专门赋诗吟诵马奶酒，把马奶酒比作琼浆玉液，最终以一句“愿得朝朝赐我尝”来表达其对马奶酒的赞颂。马奶酒是蒙古族的传统美味佳酿，是以马奶为原料发酵而成，醇香浓郁，营养丰富。在蒙古族人民心目中，马奶酒是一种高尚的圣洁饮品，常用来招待尊贵的客人。

65 哪种乳制品成为汉藏文化交融的标志？

据记载，唐代文成公主入藏时，带去了内地的茶叶，当地藏族群众遂将其与酥油结合，始有酥油茶。千百年来，酥油茶成为汉藏文化交流和民族融合的标志。藏族谚语“宁可三日无粮，不可一日无茶”，生动地说明酥油茶在藏族人民生活中的重要地位。酥油茶的制作方法是先将适量酥油放入特制的桶中，佐以食盐，再注入熬煮的浓茶汁，用木柄反复捣拌，使酥油与茶汁融为一体，呈乳状即成。常常作为主食与糌粑一起食用，有御寒提神、生津止渴的作用。

66 成语“醍醐灌顶”中的醍醐，是何种乳制品？

醍醐（音 tí hú），也称“纯酥油”，蒙古语称为“夏日陶斯”。醍醐是由酥油经煎熬、过滤、冷却后制成的液态物，是一种极致提炼的奶油制品，营养价值很高，美味可口。醍醐早在唐代就开始作为滋补饮品来制作，诗人白居易就曾作《嗟落发》，赞其："有如醍醐灌，坐受清凉乐。"文学作品在形容人头脑清醒、茅塞顿开时，常用"醍醐灌顶"一词。

小贴士

古人如何制取醍醐？

元代古籍《饮膳正要》对醍醐记述为"取上等酥油，约重千斤之上者，煎熬过滤净，以大瓷瓮贮之，冬月取瓮中心不冻者，谓之醍醐"，由此可见醍醐的稀有珍贵。

67 何谓奶棋子？

奶棋子是北京地区传统奶食小吃，因其呈乳白色、形状似棋子而得名，其味道酸甜奶香浓郁，营养丰富。奶棋子基本制作方法：将牛奶置于温度较高的地方，使其发酵；随后将发酵的牛奶盛入锅中，置旺火上，待其烧至即将沸腾时端下，滤去水分，加入白糖揉均匀，放在刻有许多棋子形状圆孔的模子里，压实成形，取出晾干即成。

68 青海老酸奶有何特点？

青海老酸奶在青藏高原地区具有悠久历史，颇受当地民众喜爱。在公元6世纪文成公主进藏的民间故事，以及古藏族百科全书《格萨尔》中，

都有关于青海老酸奶的流传和记载。传统青海老酸奶是以牦牛奶为原料经发酵制成，通常发酵是在瓷碗或翁中完成的，凭借家中地炕上的温度发酵成固态酸奶，酸奶上层浮着一层厚厚奶皮，吃的时候可以放一些砂糖，被认为具有特殊解暑等作用。

69 何谓酥油?

酥油是我国西藏、青海等地对奶油的俗称。元代人简述酥油制作方法为“牛乳中取静凝，熬而为酥”。酥油有白酥油和黄酥油之分，白酥油由发酵的牛（羊）乳中分离而得，黄酥油则是将白酥油熬去水分而得。酥油可用普通牛乳（羊）乳制作，在青藏高原地区则都用牦牛乳制作。酥油有很高的营养价值，也是藏区主要的热能食物。酥油中的脂肪酸含量极其丰富，尤其是功能性脂肪酸的发现，更是引起了营养学家的关注。

小贴士

何谓酥油花?

以酥油为材料塑造成的各种造型如人物（佛像）、亭台楼阁、花卉绿植、飞禽走兽等艺术精品，统称“酥油花”，是藏传佛教文化的重要组成和表现形式，被誉为著名塔尔寺的“艺术三绝”之一。

70 曲拉是指什么?

曲拉，也称奶渣，是深受我国藏族群众喜爱的一种传统乳制品。曲拉传统制作要点：①牧民用传统酥油木桶打制酥油后，把油捞出，剩下的“奶子”放锅里熬；②熬好倒入干净的白布袋内（或把一块白布四角拴绳吊起成布兜），把奶子倒入布袋（布兜）中，让水分慢慢沥干澄尽，剩在布兜之中的就是曲拉；③把布袋（布兜）取下置洗净石板上，上面再压一块石板，靠重力挤干剩余水分，然后把曲拉倒在洁净布上摊平，自然晒干后收藏，每次喝茶时放入碗中食用。当天的奶子熬熟后未进行沥水的，牧民称“甜奶子”，其存放一段时间会变酸，用其熬制的曲拉，味道更为甘甜酥脆，别有风味。

小贴士

如何使用传统酥油木桶？

传统酥油木桶为纯木制作（外部铜箍固牢），呈圆柱状，上面有桶盖，可装卸。桶盖周围设 4~5 个小孔，中间插有一根长木棒，下端镶有一厚 5~7 厘米、类似锅盖的木杵，木杵直径仅比桶盖小 3~5 毫米。木桶的容量一般按能盛 100 千克水设计。取牛奶 50 千克加热至约 50℃入桶，盖上盖，以木杵上下反复捣击，待小孔有奶沫溢出时，开桶盖取上层油于盆中，以水洗去非脂干物质即得酥油，桶中剩余物即“奶子”，可制曲拉。

71 何谓莲蓉奶羹？

莲蓉奶羹是一道典型巴蜀风味甜品，在四川、陕西南部等地民间流传，其特点是色泽乳白，味道香甜，口感清凉，有一定滋补功效。食材主要是江米、莲子、牛奶和白糖。制作要点：①取 25 克江米淘净，用清水浸泡 2 小时。②将 250 克去皮和芯的莲子用水煮烂。③将泡好的江米、煮好的莲子与 200 克牛奶一起加入搅拌机打碎成莲蓉。④将 250 克清水和 200 克白糖溶化沸腾后，加入莲蓉，搅拌均匀。⑤经再次沸腾后，撇去浮沫，盛入容器即可食用。

72 何谓酪干？

酪干

酪干是在类似制作奶酪的基础之上，经过加热浓缩和炒制而成，呈诱人的金黄色或琥珀色，常常配以花生仁、杏仁、芝麻、葡萄干、核桃仁、瓜子仁等辅料，营养丰富、黏软耐嚼、满口余香，是一种颇具特色的传统风味小吃。在北洋政府时期，居住在北京东交民巷的西班牙公使葛得利夫人，特别喜欢酪干。她曾表示：面包配酪干，比荷兰任何奶酪都够味道，是中国高贵的不粘牙的太妃糖。后来，即便公使卸任回国，其夫人每年还要委托他人寄送几千克酪干到西班牙。

小贴士

酪干制作要点：

①将 2 千克鲜奶倒入锅中，预热到 80℃左右，加入白砂糖 200 克，搅匀溶解。②煮沸后，均匀加入适量江米酒（制作方法见 57 页 83 题），搅匀。③改文火熬制，期间，间隔分次地将大凝块分成均匀小块，直至锅内水分（乳清）渐少。④待锅中凝乳呈糨糊状时，用铁铲快速拌炒不停，直至变稠、变干。⑤加入适量葡萄干和杏仁等辅料，拌匀后出锅入盘摊晾，装入容器即可。

73 哪种传统乳制品被称为“浆凝玉液”？

双奶卷

双奶卷，又称鸳鸯奶卷，是一侧卷果仁馅、另一侧卷金糕（山楂糕）馅的传统奶点，入口清凉细腻，淡淡醇香伴着甜甜奶香。金糕馅呈现酸甜可口，果仁馅则香醇适度。相传双奶卷是清宫嫔妃们最喜爱的奶点之一。美食名家唐鲁孙先生称之为“白华赤实，浆凝玉液，既好吃又好看，可称奶类珍品”。

小贴士

双奶卷制作要点：

①将 3 升全脂牛奶加热熬煮至浓稠，把浓稠的牛奶舀入盆中，用布蒙上盆口盖严，约 1 小时后，揭去盖布晾凉，凝结成一层 1~2 厘米厚的奶皮（也可参考 40 页 61 题的小贴士）。②将奶皮完整托起，翻扣在油纸上，其上再盖一层油纸并以湿润洁净布全部覆严，待奶皮成形备用。③在糖桂花内加适量①盆中剩余牛奶，搅碎榨汁并澄清，取桂花汁，将桂花汁与白糖、熟芝麻粉末拌成芝麻糖馅；将金糕压成泥，成金糕馅。④将成形奶皮切成正方形大片，把芝麻糖馅和金糕馅各占一半平摊于奶皮上，对卷成奶卷，切块摆盘即成。

六 家庭小制作

74 在家如何做酸奶？

酸奶应该是家庭最容易制作的乳制品了。家庭自制酸奶的关键是控制好发酵温度和时间。

【食材】任意品牌酸奶一杯，最好选择冷藏的原味酸奶，作为“引子”；白砂糖适量（冰糖粉、蜂蜜都可以）；牛奶约 500 毫升。准备干净容器 1 个或者酸奶机中的容器。用于制作酸奶的容器要先用开水烫过或煮沸消毒。

【制作步骤】

①先将牛奶适当加热（40~50℃），手感温热即可［牛奶可用市售巴氏杀菌乳或乳粉按 1 :（6~7）加饮用水调和复原］。

②然后按6%~8%比例加入白糖并搅拌溶解（也可以不加糖）。

③加入一杯（盒）市售酸奶（活菌的）或用市售商品发酵剂作引子，并搅匀。

④加盖密闭，放到温度 30~40℃环境下发酵，需要发酵 8 小时以上，也就是早上做晚上吃或晚上做早上吃（家有酸奶机的，需 6~8 小时就可完成发酵）。以牛奶刚好凝固，似豆腐脑状，表面有微量上浮清液为宜。

⑤放入冰箱冷却约 4 小时即可食用。如果再加上水果肉少许，就是果味酸奶啦。

75 家里如何制作冰淇淋？

酷暑夏日，最美妙的莫过于享受冰淇淋的陪伴，您可以自制美味的（牛奶）冰淇淋，稍作改良，还能制作更多口味的冰淇淋。

【食材】鲜蛋黄 3 个，牛奶 200 克，白砂糖 50 克。另备奶油 300 克及白砂糖 30 克，按个人喜好也可备少许水果泥。

【制作步骤】

①牛奶加蛋黄、白砂糖打匀，入小锅中慢慢熬煮，不要沸腾，直到变得很黏稠。一定要小火慢熬，这样才不会熬成蛋奶分离状。

②熬好后晾凉备用。同时，水果去皮去核，搅打成泥。

③淡奶油加入白砂糖，搅打 6~7 分钟。

④所有材料搅拌均匀。放入冰箱冷冻 4 小时以上，前 3 小时内，可每隔半小时搅拌 1 回，连续搅拌 3 回，这样口感会更好。冷冻后甜度会减弱，嗜甜者可再加糖少许。

76 如何做出美味的“双皮奶”？

双皮奶是我国有名的南方甜品，因其含有双层奶皮，一层甘香，二层清香，而得名双皮奶。可以自己在家制作，既卫生又健康，操作简单。

【食材】鲜牛奶 1 袋，鸡蛋 1 个，白糖、果粒或蜜豆适量。制备蜜豆：蜜豆做法是将红小豆浸泡 1 个晚上后，捞出并加入超过豆子一节手指的水（像蒸米饭一样）开始煮，煮到水没了，加入凉水，使豆子外表保持形状，将水倒掉，加入少许白糖或蜂蜜，搅拌冷藏即可。

【制作步骤】

①分离鸡蛋清和蛋黄。

②将牛奶在锅里煮沸。

③倒在碗里，不久结出奶皮。

④用筷子将奶皮边缘刺穿，慢慢将牛奶倒出。

⑤蛋清倒入牛奶中，加糖搅拌。

⑥奶倒回留有奶皮的碗中，奶皮浮起。

⑦大火蒸制 10 分钟。

⑧拿出，撒上少许果肉或蜜豆即可。

77 怎样制作“姜撞奶”？

姜撞奶，也称姜汁奶，是广东珠江三角洲地区的特色传统甜点。将水牛奶或牛奶加糖煮沸，倒入碗中，与老姜汁“撞”在一起，即形成像豆腐花或像蒸水蛋一样的絮状物，口感香醇爽滑，甜中微辣，风味奇特。姜撞奶是一种有暖胃表热作用的凝固型奶品。有趣的是，因当地人把“凝固”叫“埋”，所以姜撞奶有时也被称为“姜埋奶”。

【食材】生姜，水牛奶或牛奶，砂糖或冰糖。

【制作步骤】

①先将生姜洗净去皮，磨碎榨汁，放在干净的碗中备用。

②将水牛奶或牛奶加入白砂糖搅拌溶解，煮沸。

③待奶温降至 60~80℃时，按 1 汤匙姜汁兑 500 克奶的比例，将牛奶倒入盛有姜汁的碗里，静置3~5分钟凝固后便可食用。

78 如何自制“榆林炸奶链”？

炸奶链是陕西榆林地区的名点，色泽金黄，外焦里嫩，乳香醇厚，因其恰似链条而得名。长期以来一直是民间待客宴友的上乘佳肴。

【食材】牛奶或羊奶，鸡蛋，绿豆淀粉，猪油，白砂糖。

【制作步骤】

①容器内加牛奶或羊奶 150 克、蛋清 50 克、绿豆淀粉 50 克搅打均匀。

②锅内加牛奶 350 克、白糖 50 克用旺火烧开，慢慢倒入①中的牛奶液，用勺轻轻着底搅动。

③奶浆呈糊状时，倒入瓷盘中（厚约 1 厘米），等待奶糊冷却、凝固。

④将冷凝的奶糊翻扣在面粉上，上铺薄面粉，切成 8 厘米 × 4 厘米的菱形状，然后放入干面粉中裹匀。

⑤将熟猪油1 000克，旺火烧至八成热时，分散开撒入奶块，待浮上油面且表面呈金黄色时，捞出装盘，撒上白砂糖即可食用。

79 您会做“杏仁奶豆腐”吗？

杏仁奶豆腐是老北京著名传统甜点，也是有名的夏令食品。

杏仁奶豆腐

传统做法是用甜杏仁磨浆后加水煮沸，待冷冻凝结之后切块，兑入冰镇过的桂花糖汁即成。具有色泽洁白、细腻光滑、清香爽口的特点和生津止渴、润肺平喘的功效。

【食材】杏仁磨成浆，牛乳，白砂糖，食用琼脂。

【制作步骤】

①将杏仁浆和牛乳按1∶1混合，加入适量白砂糖（6%~8%），搅拌溶解后倒入锅中小火加热至沸腾。

②将琼脂（约按1%称准使用量）放入冷水中浸泡10分钟左右至涨发。将泡好的琼脂连同浸泡的水一起倒入锅中，一边小火加热一边搅拌，至琼脂完全溶化后关火。

③将融化的琼脂倒入杏仁乳和牛乳的混合液中，搅拌均匀后倒入容器中，置于冰箱冷藏1~2小时。

④将已经凝结成块的杏仁奶冻取出，用小刀切割成小方块。将切好的杏仁奶豆腐置于碗中，最后浇上冰凉的桂花糖汁即成。

80 怎样制作“奶饽饽”？

“饽饽”是满族等对点心的统称。1644年清军入关后，奶饽饽随八旗军队传入关内。奶饽饽软嫩润腻，奶香浓郁，其独特的风味与糕点巧妙结合，深受老北京人喜爱。相传慈禧太后很喜欢食用奶饽饽，将其称为“奶油萨其马”。

【食材】牛乳、江米酒、芝麻仁、白糖、糖桂花。制备奶皮子：牛乳加热至 90℃后，将江米酒沿着容器边缘缓缓倒入牛乳中，边加热边倒，会不断出现蛋白凝块，待牛乳中的干物质凝结完出现清澈透明的乳清时，停止添加，将蛋白凝块捞出来，置于屉布上包好，尽量排除水分，冷藏备用。

【制作步骤】

①将芝麻仁碎末与白糖、糖桂花、牛乳一起拌成白糖馅。

②取 10 克左右新鲜奶皮子放在铺有绸布的模具内，沿模具四周压实。

③把馅心放入，再压一下，上边再盖一层奶皮子，用裁好的小块油纸垫着压实。

④以手提绸布把奶饽饽取出，摆入盘中即可食用。

81 如何制作“水乌他”？

水乌他，也称奶乌突，是由清代御膳房传入民间的传统奶食，是由黄油、鲜乳、果汁、白砂糖经特别制作而成的冰点心（冰淇淋）。水乌他造型美观，奶香浓郁，清凉可口，入口即溶，是夏季消暑佳品，深受人们的喜爱。

【食材】稀奶油，白砂糖。

【主要器具】铜勺，细罗筛，乌他模子。制作模子：纯木质，无漆，每个模眼为圆柱状，类似象棋子大小，内壁可刻有竖向粗花纹，这样既方便出模，又可使水乌他造型美观。

【制作步骤】

①取 3 千克稀奶油倒入铁锅温火熬炼，待上部浮出清油，用细罗筛滤除残渣，余下清亮黄油（约 1 千克）入瓷碗备用。

②将洁净木质模具浸入经冷藏的饮用水（2~6℃），备用（确保模具浸水时间足够，使模具温度接近水温）。

③取 1 千克水入锅旺火烧开，加入白砂糖及上述备好的黄油各1千克，以铜勺同方向连续搅匀。加热全程中，要间隔地轻搅。

④当锅中水乳交融且略呈糊糊状时，立即取出模具沥净余水后放平，将锅中油水糖混合物倒入冷磨具的每格中，并刮平表面，再整体平放浸入近 0℃的饮用水中。如在入模时，同时加入少许碎果肉，即成果料水乌他。

⑤待模中稠糊凝固后，翻扣出模入盘即成。

82 怎样制作“牛奶核桃酪”？

牛奶核桃酪，是清代御膳房传至民间的一种乳制甜品，相传是清宫嫔妃们常吃的食物。牛奶核桃酪绵滑细腻，枣香浓郁，口味醇厚。

【食材】核桃仁，牛奶，糯米，红枣，冰糖。

【制作步骤】

①红枣 50 克、核桃仁 200 克。糯米 100 克，用温水浸泡 2 小时以上。

②将红枣去皮取枣泥，核桃仁去皮。

③将泡好的 3 种料加等量的水分别入搅拌机打碎成浆，分

几次加入水，以保证质地细腻。

④将打好的浆倒入锅内，加入适量冰糖，边加热边搅拌。

⑤当浓缩成稠糊时，加入牛奶约 800 克，继续搅拌加热直至熬制成理想的浓稠度，关火出锅即成。

83 如何制作“米酒酪”？

米酒酪，也称扣碗酪，是清代御膳房传入民间的一种宫廷奶酪，系由鲜牛乳加白糖溶解后，冷却状态下加入江米酒，经保温、凝固而制成。酪体密实，莹润细嫩，凝霜冻玉，醇香满口。

松仁奶酪

【食材】巴氏杀菌牛乳（全脂），白糖，江米酒，松仁。自制江米酒：取江米 5 千克洗净浸泡，以笼屉蒸熟，放凉后加酒药 4 小块（引子），与江米饭混匀，置小缸内，密封缸口，置温暖处进行第一次发酵（夏季发酵时需 4~5 天，冬季需 10 天左右）。开缸兑入 25 千克冷开水，再封严缸口，继续第二次发酵（发酵时间同第一次）。取缸中清液（江米酒）入容器，密封冷藏备用。

【制作步骤】

①将巴氏杀菌牛乳（全脂）入锅上火加热至 40~50℃，按乳量的 10%~12% 加入白糖搅匀，冷却至 13℃左右。

②取经过滤的江米酒，按乳重的 7% 比例添加至已冷却乳

中，一边加一边搅拌。

③加酒后，迅速分装入小碗内，再分层将小碗摆于一大木桶中，木桶中间放一炭火盆，以提高桶内温度。

④约 40 分钟后熄火，待自然冷却后，将酪碗取出冷藏（2~6℃）即可。

⑤最后表面撒些松仁，即成松仁奶酪，别致诱人。

七

奶畜知多少

84 奶牛的品种有哪些？

世界上饲养量最多的奶牛是黑白花奶牛，学名为“荷斯坦牛”，起源于荷兰和德国交界的荷斯坦和弗里生地区，特点是风土驯化能力强，分布广泛，以高产著称。红白花奶牛则是荷斯坦牛的一个变种，是红色隐性基因纯合的结果。除了荷斯坦牛外，较著名的奶牛还有娟姗牛、更赛牛、爱尔夏牛和乳用短角牛，以及乳肉兼用西门塔尔牛和瑞士褐牛等。我国的奶牛品种主要是中国荷斯坦牛；此外，还有中国西门塔尔牛、娟姗牛、奶水牛、牦牛、三河牛、新疆褐牛和蜀宣花牛等。

85 奶山羊的品种有哪些？

世界上奶山羊有萨能奶山羊、阿尔卑斯奶山羊、土根堡奶山羊、努比亚奶山羊等品种，其中产于瑞士的萨能奶山羊是最著名的奶山羊品种。我国奶山羊品种主要是关中奶山羊、西农萨能奶山羊、崂山奶山羊、文登奶山羊等，主要分布在陕西和山东等地，而土根堡奶山羊主要饲养在四川和云南等地。奶山羊是反刍动物，性格活泼爱动，喜欢登高，合群性强，爱清洁，适应性强，可利用粗饲料种类广泛。

86 奶牛都吃什么？

奶牛需要食入营养均衡的日粮才能保证身体健康，多产奶、产好奶。奶牛的饲料主要分为两大类：一类是高纤维的粗饲料，如苜蓿、羊草、燕麦草等，在舍饲条件下也会大量使用玉米青贮饲料；另外一类是高蛋白、高能量的精饲料，主要有玉米、豆粕、麸皮等，同时也要补充矿物质和维生素添加剂。奶牛场通常使用全混合日粮（TMR）搅拌车按科学配方将精饲料、粗饲料、维生素及矿物质混合均匀，然后全天候地投放到奶牛饲槽中，为奶牛提供充足的全混合日粮，保障奶牛营养和能量需求。同时，TMR 配方会根据奶牛不同的泌乳阶段予以精心调整，以适应奶牛各阶段营养需要。

87 奶牛反刍是怎么回事？

人们会观察到奶牛趴卧时嘴在不停咀嚼，这个生理现象就叫反刍（俗称倒嚼），即奶牛将吞咽到瘤胃中的食团通过逆呕返回口腔反复咀嚼的过程。反刍现象也是自然选择的结果，反刍动物在采食后为了躲避食肉动物的猎捕，会躲在安全的地方将匆匆吃到瘤胃中的食物返回到嘴里，再细细地咀嚼和慢慢消化。反刍对奶牛来说生理意义重大：一方面反复咀嚼食团使饲料颗粒逐渐变小，以利于奶牛对食物中的营养成分进行充分消化、吸收；另一方面，反刍过程中口腔分泌大量碱性唾液，可以中和瘤胃发酵产生的乳酸，从而保障奶牛瘤胃 pH 在正常范围内。

88 奶牛吃的是草、挤的是奶，其奥秘是什么？

饲草被奶牛采食后经过反刍不断被瘤胃微生物降解，饲草中的大分子养分如碳水化合物和蛋白质等分解产生合成牛奶的前体物质，如乙酸、丙酸、丁酸和氨基酸等。这些前体物质经过血液进入乳腺这个牛奶加工厂，进一步转化成乳脂、乳蛋白和乳糖等牛奶中的主要成分，牛奶中的其他成分如乳清蛋白、维生素、矿物质等则直接来自于血液。因此，血液是乳腺细胞生产牛奶的原料，每产 1 千克奶就有 500 千克的血液进入乳房，因此，牛奶是“白色的血液”。奶牛最神奇之处在于有功能强大的瘤胃，借助于微生物和消化酶，把单胃动物不能利用的饲草和农作物秸秆等，转化成营养丰富的牛奶。所以说，奶牛对人类饮奶健康贡献很大。

89 奶牛戴耳标有什么用？

奶牛的耳标（有些含芯片）就是奶牛的身份证和户口本，除了身份识别功能外，还记载奶牛的系谱、生长、繁殖、产奶和饲养等信息。奶牛从选种选配、繁殖、育种、饲养管理到疫病防控等一系列工作都离不开它。2016 年全国存栏 100 头以上奶牛规模养殖比重达到 53%，基本实现了养殖装备现代化。在饲养工艺方面，奶牛场普遍采用散栏饲养、TMR 技术、自动补饲及机械挤奶等；在繁育方面，采用生产性能测定（DHI）和后裔测定结合，基因组选择培育优秀种公牛、计划选配和人工授精等技术；在环境控制方面，根据动物行为或福利需要设计牛舍、排污及粪污处理设施，以最大限度保证奶牛场卫生、舒适和环境友好。许多奶牛场都实现了生产信息化管理。

小贴士

奶牛饲养管理四大要素是什么？

奶牛饲养管理可简单概括为“EDTN”。其中，E（environment）指奶牛环境控制技术；“D”（dairy herd improvement，DHI）指奶牛生产性能测定；“T”（total mixed rations，TMR）指全混合日粮；“N”（net）指奶牛场网络化信息管理。

90 舍饲奶牛与放牧奶牛，所产牛奶有区别吗？

奶牛饲养有两种方式。①放牧：饲养成本低，肢蹄病少，奶牛利用年限长，但产奶量不高；②舍饲：饲养成本高，集约化程度高，环境控制好，饲养工艺先进，产奶量高，利用年限短。两种饲养方式的奶牛，所产牛奶的品质和营养成分没有差别。随着现代奶牛饲养管理技术的广泛应用，我国舍饲奶牛的健康水平和利用年限已接近放牧的奶牛。

91 奶牛场里有公牛吗？

奶牛场中，母牛生下小公牛之后，根据公牛的生长发育指标和遗传鉴定结果，选择品质优良的小公牛送到种公牛站作为后备公牛集中饲养，被淘汰的小公牛则送到育肥场直接育肥。这是在奶牛场见不到种公牛的原因。奶牛的繁殖除少数地区（如澳洲）采用自然交配（本交）外，大多数国家或地区采用人工授精技术。人工授精的好处是加大了种公牛选择强度（留种率），提高了优秀种公牛利用率，节省了饲养种公牛成本。由于冷冻精液在液氮罐（约 -196℃）中可以存放很多年，因此使奶牛的繁殖和育种突破了时空限制，促进了后裔测定和人工授精育种体系的形成。俗话说“母牛好，好一个；公牛好，好一坡”，种公牛的选择是奶牛育种工作的核心。

92 奶牛在牧场的每一天是怎样度过的？

奶牛的一天要经历挤奶、采食、躺卧、站立、饮水和反刍等。一头奶牛早上会先去挤奶厅，因为经过一夜的休息，奶牛的乳腺变得很充盈，此时是挤奶的最佳时间。挤完奶后，奶牛回到采食区，饲养员已为奶牛们准备好了丰盛的早餐，这样不仅可以满足奶牛需要，还能够避免奶牛躺卧污染乳房。奶牛采食后可以自由饮水，在洁净的休息区安静地歇息并进行反刍，这对它们的健康很重要。下午的进食之前，奶牛又会去挤奶，回来再自由采食。

93 为什么奶牛一年到头都产奶？

奶牛一生根据生长发育可分为犊牛（出生至6月龄）、育成牛（7~24月龄）和成乳牛（一胎牛以上）3个阶段。成母牛又可根据其产奶和生理特点具体划分为泌乳盛期（产犊至泌乳100天）、泌乳中期（泌乳100~200天）和泌乳后期（泌乳200~305天）。奶牛和其他哺乳动物一样，奶牛在产下犊牛以后才开始分泌乳汁，产犊后2个月左右达到产奶高峰。之后产奶量会逐渐下降，大约305天时停止挤奶，进入60天的干奶期。奶牛同其他哺乳动物的不同之处在于其怀孕后仍然能够产奶，这是人工选育的结果。有人谣传说给奶牛打高剂量荷尔蒙才使其产奶，这种观点是不正确的。

94 奶牛场为什么要“对牛弹琴”？

奶牛挤奶时，牧场挤奶厅里有时播放音乐，这是为什么？科学研究发现，“对牛弹琴”是有特殊作用的。每当挤奶时，若给奶牛听轻音乐，不但可以减少外界环境如噪声、惊吓等对奶牛的刺激，还能调节奶牛血液激素水平，稳定奶牛情绪，从而降低奶牛应激反应，这样可以有效提高牛奶的产量和品质，获取更大收益。因此，一些奶牛场在挤奶厅里设有音乐播放装置。

95 牛奶是怎样挤出来和运送的？

我国规模牧场已普遍采用机械化挤奶，一般每天挤奶 2 次，早上和下午各 1 次（也有一天 3 次挤奶的）。为保证挤奶过程的卫生，牧场都严格做到以下几点：首先要对奶牛乳房进行清洁，步骤顺序依次为按摩、清洁、药浴、擦干。乳头药浴时间至少 30 秒，每个奶牛都有自己的擦洗毛巾，毛巾每次用后都要清洗消毒。然后要弃掉头三把奶，再套上乳杯挤奶，同时，还要对挤奶设施定期清洗消毒，以确保挤奶设备特别是奶牛乳头杯罩等的清洁卫生，这样可有效保障牛奶的卫生质量。牛奶挤出后，立即迅速冷却到 4℃左右贮存，再装入专用的保温奶罐运输车，以最短时间运抵乳品厂进行加工。在挤奶和运输的全过程中，牛奶始终不与外界空气接触，很好地保证了卫生质量。

八

典故和轶事

我国奶业历史悠久，源远流长。从古籍文献记载和现代考古发现，无不证明我们中华民族不仅是奶业文明的创造者，也是奶业技术的发明者和践行者。任何历史时期，围绕奶畜乳汁的有关探索从未停止，不断满足民众营养保健需求，极大丰富了中国饮食文化宝库，成为中华民族宝贵的物质文化遗产。

96 春秋战国的“鹿乳奉亲”

《二十四孝》中的“鹿乳奉亲”，讲的是作为孝子的郯子（郯音shàn）如何冒着生命危险，想方设法得到鹿乳来医治母亲眼病的故事。这个故事的本意虽然旨在宣扬孝道，但是从奶文化角度，我们却能读出许多历史信息。①春秋战国的郯国人不仅饮食乳品，而且有以畜乳入药的习俗。②故事特别提到以当时尚未驯养的野鹿乳入药，这似乎说明牛乳、羊乳已成为春秋时代的平常之物，不足以表达侍亲至孝的虔诚之心。③故事中以饮食鹿乳治疗眼病，说明在古代人们普遍相信畜乳有益健康。尽管从今天的科学角度看，畜乳或特指的鹿乳不一定真能治疗眼病，但作为一种大众普遍遵循的民俗，对奶文化的传承沿袭作用似乎更耐人寻味。

97 秦汉时期的“养羊酤酪”

古代史研究发现，我国秦汉时期的“酪”似乎是对乳制品的专称；同时，还出现了羊奶利用的有关记载，如描述西汉杨浑曾“养羊酤酪，以供伏腊之费”。另外，服虔《通俗文》记有“煴羊乳曰酪，酥曰𩚾餬”，这则关于奶酥的较早记载，说明当时中原地区居民已开始食用乳酪了，乳酪已成为市售商品。长沙马王堆汉墓出土的医书《十问》记载：“饮走兽泉英，可以却老复壮”。据考证，这句话里的“走兽”是指牛、羊等家畜，“泉英”则是指牛、羊奶，“却老复壮”是返老还童。由此可见，秦汉时期我国先民已经认识到饮食畜奶有益健康长寿了，并被编入当时的医书中，赋予浓厚的民俗文化色彩。

98 南北朝的“王肃酪奴”

南北朝时期的北魏是北方民族鲜卑族拓跋部建立的政权，该民族习性喜食羊肉和鲜羊奶加工的酪浆。据《伽蓝记》记载，扬州刺史王肃喜饮茶，也喜欢吃羊奶酪浆。当有人问及“茗饮何如酪浆？”时，他认为茶是不能给酪浆做奴隶的，意思是茶的品位并不在羊酪浆之下。这里姑且不管王肃先生的个人兴趣是何，至少得知那个时代，鲜羊奶及其酪浆已然成为士大夫的上乘美食了，而且可与中原的好茶媲美，似乎还有稀缺珍贵之意，因为“茗饮”也不是庶人经常享受的。这些遗存史料表明，古人对羊奶的利用由来已久。

99 隋唐时代的“羊酥真者胜牛酥”

隋唐时期，我国先民对乳汁的认识和利用已延伸到医学保健领域。现存较早的食疗古著《食疗本草》系统总结了唐朝以前的各种食疗方法与经验，其中记叙羊奶为“补肺肾气，和小肠。亦主消渴，治虚劳，益精气。羊乳治卒心痛，可温服之”，并且独树一帜地指出“羊酥真者胜牛酥”，这里的“酥”是指从奶中提取的油脂，意思是羊酥油的真品要比牛酥好。唐天宝年间的藏医古籍《四部医典·论说医典》记有“山羊之乳常服平哮喘”，当谈及血脉失血的治疗时，指出外用敷法是“青黛地丁闹羊马兜铃，山羊乳酪共调敷之”，这些均佐证了我国古代对乳汁在临床与食疗功效方面的研究已甚为专注。

100 辽宋时期的“乳粥待客”

朱彧（音 yù）《萍州可谈》记载，辽宋和睦时期，辽人对宋朝来使视为上宾，每天都供给一碗乳粥。可见，乳粥在辽国是非常珍贵的食品，甚至辽国皇后生小孩时还要让她“服调酥杏油半盏”。“解渴不须调乳酪，冰瓯刚进小团茶”，这是清人陆长春对辽金饮茶生活的吟咏。辽金人在婚姻节庆时，通常都摆上“茶食”为正规。而所谓“茶食”，即佐茶点心，类似于汉族常食用的“寒具”，即炸麻花之类。不过这种“寒具”是添加了酪酥的，称为大软脂或小软脂，是招待贵宾的佳肴，普通百姓只能喝乳酪。此外，还有一种用乳汁、蜂蜜与面粉搅拌成面糊后，用油煎而成，称作“西施舌”的茶点，这种乳制茶点香酥松脆，也是招待宾客的名品。

101 元代的“阿日里”

奶酒，蒙古族语叫“阿日里”，是对各种奶酒的总称，而马奶酒称“车格”。“阿日里”的特点是澄澈醇香，沁人心脾，酒性柔软，口感酸甜。奶酒可用马奶或牛奶制作，关键是要有好的曲子，通常上乘的奶酒曲子是嗜酸奶汁或酸马奶，被蒙古族家庭视为传家宝，但邻里间并不保密，可随时调剂使用。

102 明朝的“金榜牛乳”

我国利用水牛奶历史悠久。明朝初期，广东顺德的金榜村农户几乎都以种植水稻为生，大多农家都养水牛耕田耙地。但由于耕地很少，仅靠种田不足维持生计，村民就利用丘陵地区四季牧草繁茂的优

势，大养水牛。但是靠养水牛出售牛肉，生产周期长，仍难维持生计。一些金榜先人便尝试以挤售水牛奶为生。起初，村民都在市上出售鲜水牛奶，但有时鲜奶卖不掉，又无法保存，聪明的金榜人就用醋和食盐将牛奶制成晶莹透明的牛乳片来出售，这种用醋和盐制成的水牛奶片，不仅可以常温保存，而且风味独特，这就是“金榜牛乳”的由来。

小贴士

历经600多年的代代相传和改进，如今的金榜牛乳以其味美甘香、清热下火、老少皆宜而成为广东顺德著名小吃和特产。如今，金榜村所在的顺德大良镇尚有数十家店铺制作经营“金榜牛乳”，我国香港、澳门地区，以及新加坡、马来西亚等国家的一些华侨商户，亦以“金榜牛乳”标名，广招来客。

103 清代紫禁城的“饽饽局”

北京是明清两朝的政治、经济、文化中心，所以，一些精美的奶制品如奶油饽饽、奶油大奶头、奶酪、奶戳子、奶油栗子粉等很早就成为达官贵人所享用的清廷奶点。《红楼梦》中描述贾妃赠给宝玉的“糖蒸酥酪”即清廷奶点之一。清廷奶点多为固态的点心，包括奶油类、蛋白类、奶点类、乳制冷饮类、点缀类共5类几十个品种。清廷奶点在清末发展到高峰，慈禧太后懿旨设立的紫禁城西厨房共有5个局，其中有个局就叫“饽饽局”，是专门制作乳制品的内廷机构。

104 民国时期的“五大牧场”

1932 年，为了能给羸弱的国民做点实事，怀揣“实业救国”夙愿，山东省立临沂中学教师徐眉生、武芳林、高霁轩、菅华三、曹子固一起来到济南，在济南城南门外已废弃的白衣庵自费兴办畜牧场，饲养了 40 多头瑞士奶山羊，为当地民众提供新鲜羊奶。因 5 个人均为大学生，所以场名为“五大牧场”。全场每天生产瓶装羊奶几十斤，分 2 次送给订奶户，一时生意兴隆，深受欢迎。后来，“五大牧场”开始专养奶牛，进一步提高产奶量，为民造福，又经徐眉生、李济苍等坚持经营得以延续到 1949 年中华人民共和国成立。这个“五大牧场”就是济南佳宝乳业有限公司的前身。

105 抗战时期的延安“红色牧场”

抗日战争时期，为打破日伪对陕北根据地的经济封锁，中共中央和陕甘宁边区组织开展大生产运动，发展畜牧生产。1939 年，中共中央在延安南郊杜甫川的马家湾村创办了保健农场（后更名为光华农场），饲养了 40 多头荷斯坦牛和一批萨能

奶山羊，所产鲜奶作为保健滋补品，主要供给延安中央托儿所的婴幼儿、医院伤病员，以及在延安的革命元老和中央领导同志，实施特殊日常配给制。在美国畜牧专家阳早先生技术指导下，光华农场的奶牛和奶山羊得到很好发展，牛羊奶供应量有所增加。1947 年，胡宗南进犯延安，光华农场工作人员赶着 60 多头奶牛，与敌人辗转周旋于周边地区，历尽艰辛。1948 年后，大部分奶牛迁移到陕西安边县成立光华牧场（今三边牧场）。1949 年，光华牧场搬迁到西安市北郊，成立了西安草滩农场，发展成我国著名的牛奶生产基地。

小贴士

延安牛奶故事

在许多延安红色记忆中，有些与光华农场的鲜奶有关。当年延安牛羊奶的供应非常有限，许多中央领导同志和伤病员常常不愿意接受配给他们的牛奶营养餐，而是转送给其他更需要营养的人，如毛泽东就把每日分配到的半磅牛奶让给黎侠母子，自己不舍得喝；经过长征的康克清身体不好，但也把每天仅有的半磅羊奶送给丑子冈的小女儿；边区政府对来访的中外宾客、民主人士等也是礼遇有加，尽可能特供牛奶和奶油等。1944 年延安举办卫生展览会，徐特立老先生还专门宣讲了牛奶及羊奶的好处，普及营养知识。在跌宕繁芜的艰苦岁月里，光华农场历经烽火洗礼，生生不息，所产鲜奶营养育人，滋补红色后代，积蓄革命力量，传承红色基因。

附录

牧场观光哪里去

2017年，农业部评选和推介了全国第一批8家休闲观光牧场（农办牧〔2017〕21号），并在中国休闲农业网向社会公布牧场交通路线、预约热线等旅游信息。这8家牧场都是在种好草、养好牛、产好奶的基础上，增加了奶业休闲观光功能，建有比较完善的旅游接待设施和卫生防疫制度，每年夏季开放，借助“可览、可学、可游、可食”形式，普及牛奶知识，开设奶牛饲喂、挤奶参观、挤奶体验、亲子互动等娱乐项目，形式新颖，寓教于乐，成为家庭尤其是青少年儿童理想科普教育基地，让观光者能亲身体验优质乳品的生产过程，增强国产乳品消费信心。农业部有关部门今后还将继续评选公布休闲观光牧场，为公众推介更多的奶业休闲好去处。

① 长城脚下的北京归原奶庄

北京归原奶庄坐落于八达岭长城脚下，毗邻延庆区野鸭湖湿地公园和康西草原。奶庄秉承人与自然和谐发展理念，构建饲草料种植、奶牛生态养殖与有机乳品加工全产业链，摒弃化学物质介入，坚持种养结合与粪污资源化利用，实现牛奶生产回归自然本源。十余年来所产“归原”牌牛奶享誉京城。奶庄建有奶业文化廊、世界奶业展示区、休闲体验互动区、农耕农艺馆等，配有可视化挤奶厅、奶牛观光走廊、游览观光车、旅游公厕等设备设施；开设奶业科普宣传，饮奶常识讲解，犊牛饲喂，挤奶体验，自助制作（DIY）等项目。游人通过休闲观光、亲身体验、动手实践，了解奶业知识，实现了寓教于乐，引导牛奶消费。奶庄日接待能力约 500 人次，自 2010 年开放以来累计接待游人 10 万人次。奶庄地处北京后花园“夏都”腹地，沿线旅游资源丰富、文化底蕴厚重，距北京市区约 1 小时车程，交通便利。每年开放时间为 4—10 月。

地址：北京市延庆区康庄镇大营村南 500 米。

② 被评为 AAAA 级旅游景区的河北君乐宝优致牧场

河北君乐宝乳业优致牧场位于河北省石家庄市鹿泉区，是集奶牛养殖、奶业科普、休闲旅游于一体的大型现代化农业观光牧场，被评为国家 AAAA 级旅游景区。牧场引进纯种荷斯坦奶牛 5 000 头，采用先进的全自动转盘式挤奶，所产牛奶品质优良。专门建有透明牧场和挤奶参观厅，全程监控奶牛饲养和挤奶等关键生产环节，即时显示生乳质量指标。牧场观光区设有奶牛科普馆，通过声光电等现代科技手段，采取趣味问答、游戏互动等方式，寓教于乐，传播牛奶知识和奶业文化。牧场游客体验中心融汇产品展示、休闲购物、炒酸奶、品茶咖吧于一体。有牧场旅游接待部门的专职讲解人员针对优致牧场与君乐宝现代化奶粉工厂、酸奶工厂、国家级乳品研发中心、酸奶文化馆等，进行游客组团宣讲，形成了涵盖奶业全产业链的特色游览观光项目，吸引了来自全国各地的游客，2016 年接待游客 60 余万人次，已成为全国知名的休闲旅游观光牧场。

地址：河北省石家庄市鹿泉区石铜路 36 号。

③ 可休闲度假的内蒙古子昂牧业奶牛主题公园

内蒙古子昂牧业奶牛主题公园位于内蒙古自治区呼和浩特市和林格尔县盛乐镇郭家滩村，始建于 2014 年 6 月，注册资金 7 000 万元人民币，占地面积 34.53 公顷，总建筑面积 20 万米 ^{2}，高产奶牛存栏 4 000 多头，拥有青贮窖 1.3 万米 ^{2}，牛舍 6 万米 ^{2}，挤奶厅 5 000 米 ^{2}。子昂牧业是呼和浩特市农牧业重点龙头企业，全场以“奶牛主题公园”为主体，建设集生态规模化奶牛养殖、科普教育休闲观光、鲜奶品尝加工销售于一体的现代化奶牛观光牧场。子昂牧业奶牛主题公园主要发展“牧场深度体验游”“乡村体验游”等特色项目，让游客享受周末亲子时光、了解奶牛生活习性、体验挤奶等，同步开展产品“会员预订制”。公园实施整体策划，精心打造了国内首家以奶牛主题公园为创意的新型现代牧场，开发了奶牛厨房、奶牛宾馆、犊牛饲喂乐园、挤奶体验广场、萌宠景观街、夏令营、户外运动、住宿等综合游览项目；带动周边村落旅游经济，建有果蔬采摘、农耕体验、品尝新鲜食材、农家美食、乡村住宿等多样化旅游项目，给广大消费者创造了一个奶业悠闲度假好去处。公园每年开放时间为 4—10 月。

地址：内蒙古呼和浩特市和林格尔县盛乐镇郭家滩村。

4 黄金奶源带上的黑龙江飞鹤生态观光牧场

黑龙江飞鹤乳业观光牧场坐落于黑龙江省齐齐哈尔市齐扎公路12千米处的扎龙乡，地处北纬47°世界黄金奶源带上，毗邻著名湿地和丹顶鹤故乡——国家AA级扎龙自然保护区。牧场占地45万米^2，总投资5 000万元，是集牧草种植、奶山羊养殖、乳制品加工、观光旅游、牧场体验和奶业科普教育为一体的新型现代养殖企业。牧场员工170人，拥有国内较大的羊奶自动挤奶设备。牧场目前饲养优良奶山羊500多只，日产鲜羊奶300余千克；同时，建设了自动化巴氏杀菌乳生产线，日加工羊奶10吨。在牧场游客可近距离接触并饲喂奶山羊，体验与动物互动的乐趣，参观鲜奶加工过程。设有专门讲解区，为游客讲解乳制品生产科普知识，还可通过声光电体感游戏的方式体验饲养动物的过程。牧场设有鲜奶吧，为游客准备了巴氏奶、酸奶以及冰淇淋等产品，供消费体验。依托大自然，打造生态园，共同享受灿烂阳光新生活。

地址：黑龙江省齐齐哈尔市扎龙乡。

5 独具特色的郑州昌明奶牛科普乐园

郑州昌明奶牛科普乐园位于河南省荥阳市高村乡，地处沿黄旅游观光快速通道荥阳段，紧邻知名河阴石榴风景区。该牧场是郑州市农业产业化重点龙头企业，2014年河南省十佳奶牛养殖企业。郑州昌明奶牛科普乐园是郑州昌明农牧科技有限公司利用自有牧场倾力打造的乡村生态旅游项目，旨在通过休闲娱乐形式和零距离接触奶牛，了解奶牛生长及牛奶生产常识，普及推广奶业知识，培养健康生活习惯，让父母和孩子利用闲暇一起回归大自然，享受阳光好生活。昌明奶牛科普乐园周边旅游资源丰富，东距郑州江山路仅17千米，交通便利。昌明奶牛科普乐园现存栏奶牛400头，实现生态标准化饲养，精心打造出牛奶科普区、挤奶观摩区、挤奶体验区、犊牛饲喂区、农耕展示区、亲子娱乐区、儿童游戏区等，被郑州市科学技术协会评为“郑州市科普教育基地”。2016年7月开园以来，深受青少年儿童喜爱，远近闻名，已成为郑州及中原地区独具特色的科普亲子活动基地。每年开放时间为4—10月。游客须经过严格消毒方可入园区，有专人免费讲解。悠悠风车，草坪绿茵，游人如织，流连忘返。

地址：河南省荥阳市高村乡。

6 北倚邙山、南仰龙门的洛阳生生乳业农牧庄园

洛阳生生乳业农牧庄园位于牡丹花都洛阳市孟津县平乐镇，庄园集高产奶牛养殖、绿色乳制品加工、有机牧草种植于一体，以“传递健康，生生不息”为宗旨，倾力打造休闲生态现代化庄园，成为河洛大地一道靓丽的风景。目前，奶牛存栏2 000多头，每头奶牛年产鲜奶9吨，乳脂率4.2%，乳蛋白率3.3%，“生生”牌乳品已成为河南省著名商标。庄园秉承“种、养、加”循环农业模式，实施粪污资源化利用，实现了绿色生态环保，构建了全程生态产业链。庄园设有奶牛参观区、

可视挤奶厅、奶业科普馆、休闲体验区、果蔬采摘区、观赏动物区等，开展奶牛科普宣传、饮奶知识讲解、牛奶品尝、儿童挤奶体验、DIY 制作等多种项目，同时，开设骑马、射箭、垂钓、采蛋、动物观赏等休闲娱乐活动。庄园所在地人杰地灵，文化厚重，北倚邙山，南仰龙门，紧邻国家 AAAA 级白马寺景区和世界文化遗产汉魏古城遗址等，旅游资源丰富，是广大游客休闲观光理想之地。游览区配有专业讲解员、旅游观光车，日接待能力 500 余人，自 2016 年开放以来共接待 3 000 余人次。庄园每年接待时间为 4—10 月。

地址：河南省洛阳市孟津县平乐镇。

7 南方半放牧式的四川德阳原野牧场

德阳原野牧场成立于 2011 年 4 月，位于德阳市旌阳区黄许镇 108 国道旁，牧场占地约 20 公顷，距成都市区 60 千米，距德阳市区仅 12 千米，距绵阳市区仅 30 千米，交通便利、环境优美。原野牧场立足建设符合“绿色、可持续”发展种植、养殖一体化的有机生态牧场，旨在为市场提供健康安全的农产品和德阳人民家门口的放心奶。牧场奶牛存栏 300 多头，实现了绿色发展的牧业农业循环产业链模式，是四川省西南地区首家采用半放牧方式的奶牛牧场，构建了奶牛与自然和谐相处的绿色生态画卷。2012 年起，牧场实施有机标准化饲养，获得 2015 年“中国有机产品”认证，并研制生产“牛 A”牌巴氏杀菌鲜奶和酸奶，以“鲜奶吧”形式销售，服务城乡民众，荣获四川省农博展会“消费者最喜爱产品”殊荣。2016年，实现一、二、三产业融合发展，与附近三国文化圣地——白马关风景区互联互通，打造休闲观光、亲子互动为主的乡村牧场，形成小而精的奶业科普教育基地。

地址：四川省德阳市黄许镇广平村108国道旁。

8 三秦通衢的陕西农垦华山牧场

陕西农垦华山牧场位于陕西省大荔县果园。大荔县地理位置独特，素有“三秦通衢”美誉。牧场成立于2014年1月，占地62.53公顷，总建筑面积137 695米^2，总投资4.6亿元。牧场现有员工164人，奶牛总存栏8 809头，累计产奶11 245吨。华山牧场观光区域共分为4部分：游客中心、人牛互动区、DIY互动区和智慧展厅，有专业导游为游客引导讲解。在人牛互动区，游客可近距离观赏、抚摸犊牛，与犊牛亲密接触。在DIY互动区，游客不仅可以免费品尝新鲜健康、营养美味的“华山牧”巴氏杀菌奶，还可以自己动手制作酸奶。智慧展厅是孩子们的最爱，其主题是“智慧心、幸福牛”，依照“蓝天、白云、原野、草地”的生态创意打造，天花板上的蓝天白云以牛奶的流动线条造型来表现，孩子们通过观察奶牛成长和牛奶生产流程，能够从小培养热爱牧场、亲近自然、健康饮奶的生活习惯。游客中心设有“华山牧”产品展示及售卖区域，游客在此可以挑选中意的“华山牧”产品，满载而归。牧场每年开放时间为4—10月。八百秦川阳光媚，华山牧场乳飘香。

地址：陕西省大荔县果园。

参考文献

北京师联教育学院研究所，2001. 齐民要术 [M]. 北京：学苑音像出版社 .

郭明若，骆承庠，1992. 山羊奶及其制品工艺学 [M]. 哈尔滨：黑龙江科学技术出版社 .

河北省商业厅，1990. 中国食品工艺配方大全 [M]. 石家庄：河北科学技术出版社 .

忽思慧，2010. 饮膳正要 [M]. 扬州：广陵书社 .

金世琳，1987. 乳品工业手册 [M]. 北京：轻工业出版社 .

李江华，2017. 乳制品的质惠秘诀 [M]. 北京：中国质检出版社，中国标准出版社 .

刘成果，2013. 中国奶业史 [M]. 北京：中国农业出版社 .

孟洗，张鼎，2011. 食疗本草 [M]. 北京：中华书局 .

食品安全与消费丛书编写组，2014. 乳蛋肉与水产制品 100 问 [M]. 北京：中国质检出版社，中国标准出版社 .

宇妥・元丹贡布宁玛，等，1983. 四部医典 [M]. 北京：人民卫生出版社 .

中国奶业发展战略研究课题组，1990. 中国奶业发展战略研究 [M]. 武汉：湖北科学技术出版社 .

中国奶业协会，2017. 新时期国家学生饮用奶计划推广 [M]. 北京：中国农业出版社 .